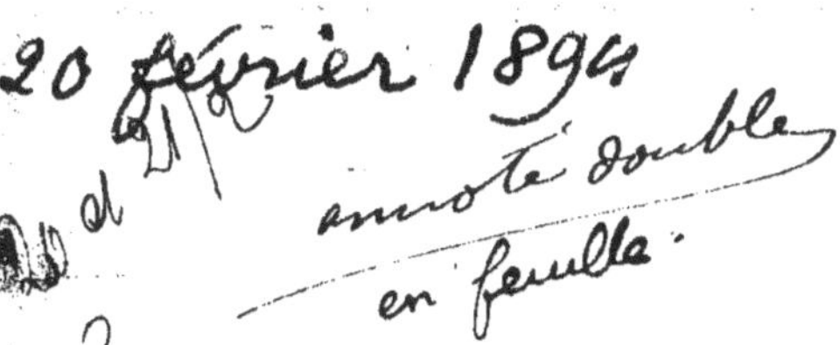

IMPORTANTE COLLECTION

MAGNIFIQUES TAPISSERIES

OBJETS D'ART

ET DE

BEL AMEUBLEMENT

DES

XVIe, XVIIe ET XVIIIe SIÈCLES

TABLEAUX

COMMISSAIRES-PRISEURS

Me G. BOULLAND	Me GEORGES DUCHESNE
26, rue des Petits-Champs, 26	6, rue de Hanovre, 6

EXPERT : **M. A. BLOCHE**, 25, rue de Châteaudun

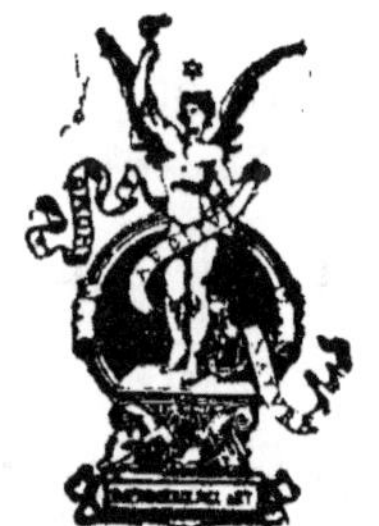

CATALOGUE
DE
MAGNIFIQUES TAPISSERIES
DES
XVIe XVIIe ET XVIIIe SIÈCLES
OBJETS D'ART
ET DE
BEL AMEUBLEMENT
Deux Salons en tapisserie Louis XIII et Louis XVI

Autres Salons de fantaisie, Sièges variés
Jolie Commode en ancienne laque de Coromandel Louis XV
Crédence du XVIe siècle, Belle Chaise à porteurs Louis XVI

MOBILIER ANCIEN ET DE STYLE

ŒUVRES DE SCULPTURES DE FALGUIÈRE, CLÉSINGER

Groupes, Statues, Grande Torchère monumentale en marbre et bronze
Porcelaines anciennes, Bronzes, Matières précieuses
et porcelaines montées

BEAUX ÉTAINS DE J. BRATEAU

Bijoux, Objets de vitrine, Dentelles, Fourrures, Étoffes brodées

TABLEAUX ANCIENS ET MODERNES
des diverses Écoles

DONT LA VENTE AURA LIEU

HOTEL DROUOT, SALLE N° 1
Les Mardi 20 et Mercredi 21 Février 1894
à 2 heures

Par le ministère de :

Me G. BOULLAND	**Me G. DUCHESNE**
COMMISSAIRE-PRISEUR	COMMISSAIRE-PRISEUR
26, rue des Petits-Champs, 26	6, rue de Hanovre, 6

Assistés de **M. A. BLOCHE,** expert près la Cour d'appel
25, rue de Châteaudun, 25
Chez lesquels on trouve le présent Catalogue.

EXPOSITIONS PUBLIQUES

Le Dimanche 18 Février 1894, de 2 heures à 5 heures 1/2
Le Lundi 19 Février 1894, de 1 heure 1/2 à 5 heures 1/2

CONDITIONS DE LA VENTE

La vente sera faite expressément au comptant.

Les Acquéreurs paieront CINQ POUR CENT en sus des adjudications.

L'exposition mettant le public à même de se rendre compte de l'état des objets, il ne sera admis aucune réclamation une fois l'adjudication prononcée.

Paris. — Imp. de l'Art. E. MOREAU et Cie, 41, rue de la Victoire

DÉSIGNATION DES OBJETS

TAPISSERIES

1 — Remarquable tapisserie de la Renaissance, représentant des scènes de chasse dans lesquelles on voit des groupes de personnages allégoriques lancés au galop de leurs coursiers richement caparaçonnés, des groupes de dieux et déesses à l'ombre de verts ombrages, faisant de la musique. Partout détalent des animaux poursuivis par des meutes et des cavaliers. Larges et magnifiques bordures offrant en haut un cartouche à inscription : *Venatvrvs adit sylvas monstrante Diana Hippolytvs Nolens prandia lavta seqvi*, porté par des génies ailés, des guirlandes de fleurs sur les côtés, et dans le bas d'élégantes compositions architecturales au milieu desquelles figurent des chars de triomphe, des

nymphes et autres personnages mythologiques. — Haut., 3 m. 55 cent ; long., 5 m. 20 cent.

2 — Très belle tapisserie de la Renaissance, représentant une importante scène de bataille de l'antiquité ; composition de multitude de personnages. Larges et magnifiques bordures à bosquets d'aspect architectural, au milieu desquels on voit des dieux, des déesses et des nymphes, des vases de fleurs et des aigles. — Haut., 3 m. 50 cent.; long., 4 mètres.

3 — Grande et belle tapisserie de Bruxelles du XVIIe siècle, représentant une scène des batailles d'Alexandre. Large et riche bordure en haut à médaillon paysage, figures d'amours, guirlandes et chutes de fruits et de fleurs retenues par des nœuds de rubans, sur les côtés offrant des vases avec bouquets de fleurs sur piédestaux ornés de mascarons, de serpents et d'oiseaux ; dans le bas des guirlandes de fruits avec une jardinière chargée de fleurs au milieu. — Haut., 4 m. 10 cent.; long., 4 m. 80 cent.

4 — Très belle tapisserie de Bruxelles du com-

mencement du XVIe siècle, représentant comme scène principale le mariage d'un roi et d'une princesse présidé par un monarque et en présence de dames et seigneurs en riches costumes de l'époque. Fond d'architecture dans le style gothique ; à droite et à gauche, en haut, des sujets allégoriques à la réception de la princesse par le roi dans son palais, et au départ du couple royal sur le port animé de nombreux vaisseaux. Intéressante composition de nombreux personnages. Bordure à fleurs, fruits et feuillages. — Haut., 3 m. 80 cent.; long., 3 m. 50 cent.

5-6 — Deux très belles tapisseries de la Renaissance, représentant des scènes de batailles à multitude de petits personnages, avec riches bordures offrant des déesses, les muses et autres figures mythologiques, des guirlandes de fleurs et de fruits tenues par des amours. — Haut., 3 m. 35 cent.; long., 4 mètres.

7 — Belle tapisserie de l'époque Louis XIV, représentant le petit chevrier et des animaux au pâturage dans un riant paysage arrosé par

un lac. Large bordure fond bleu avec médaillons à cartouches ornementés dans lesquels sont représentés Minerve, Mercure et autres personnages mythologiques, des sirènes et des jetées de fleurs. — Haut., 3 m. 40 cent.; long., 2 m. 55 cent.

8 — Remarquable tapisserie de l'époque Louis XIV, toute tissée d'argent, représentant la mort de Cléopâtre étendue sur un lit, avec des rideaux aux franges d'or et entourée de femmes qui la soignent et l'exhortent. Riche bordure formée de fleurs, de fruits et d'attributs divers.

9 — Tapisserie verdure avec vue d'un temple. Style grec.

10 — Tapisserie ancienne, verdure avec oiseaux. — Haut., 2 m. 25 cent.; larg., 2 m. 40 cent.

11 — Tapisserie ancienne, verdure claire. — Haut., 1 m. 80 cent.; larg., 3 m. 5 cent.

12 — Tapisserie ancienne, verdure. — Haut., 2 mètres; larg., 1 m. 40 cent.

13 — Tapisserie ancienne représentant les Hébreux recevant la manne.— Haut., 2 mètres; larg., 3 m. 10 cent.

14 — Tapisserie ancienne, verdure à personnages. — Haut., 2 mètres; larg., 2 m. 45 cent,

15 — Tapisserie ancienne, verdure. — Haut., 2 m. 30 cent.; larg., 1 m. 80 cent.

16 — Tapisserie du temps de Louis XIV, sujet mythologique. — Haut., 2 m. 15 cent.; larg., 3 m. 15 cent.

17 — Tapisserie ancienne, verdure avec renard et cygnes. — Haut., 2 m. 75 cent.; larg., 4 m. 20 cent.

18 — Tapisserie ancienne, verdure avec sujet : Moïse sauvé des eaux. — Haut., 2 m. 50 cent.; larg., 3 m. 20 cent.

19 — Tapisserie ancienne : Daphné changée en laurier. — Haut., 2 m. 50 cent.; larg., 1 m. 10 cent.

20 — Fragment d'ancienne tapisserie-verdure — Haut., 1 m. 60 cent.; larg., 80 cent.

21 — Fragment de tapisserie Renaissance. — Haut., 80 cent.; larg., 1 m. 35 cent.

22 — Garniture de fauteuil en ancienne tapisserie fond jaune.

23 — Cinq mètres soixante-dix centimètres bordure Aubusson à fleurs.

24 — Quatre mètres soixante centimètres bordure Aubusson, ornements Louis XIV.

25 — Deux mètres bordure tapisserie, cadre.

26 — Un mètre trente-cinq centimètres bordure tapisserie à ornements.

27 — Un mètre quarante-cinq centimètres bordure tapisserie.

28 — Deux mètres soixante centimètres bordure tapisserie Renaissance, fond noir.

29 — Sept mètres bordure tapisserie Renaissance.

30 — Deux mètres dix centimètres bordure tapisserie à fleurs et couronne.

31 — Deux mètres quatre-vingt centimètres bordure tapisserie Renaissance, fond noir.

32 — Trois mètres soixante centimètres bordure tapisserie Renaissance, fond noir.

33 — Deux mètres quatre-vingt centimètres bordure tapisserie fond bois.

34 — Feuille d'écran en tapisserie Empire.

35 — Fragment de tapisserie : Tête de femme.

36 — Dessus de canapé en tapisserie d'Aubusson, représentant une chasse au cerf.

37 — Garniture de fauteuil, siège et dossier en tapisserie d'Aubusson, à figure et animaux.

38 — Garniture de fauteuil, siège et dossier en tapisserie d'Aubusson, à vases de fleurs.

39 — Garniture de chaise, siège et dossier en tapisserie d'Aubusson, à vases de fleurs.

40 — Feuille d'écran en tapisserie d'Aubusson, à sujet pastoral.

41 — Feuille d'écran en tapisserie d'Aubusson : paysage avec figures et animaux.

SCULPTURES, OBJETS D'ART, MOBILIER

42 — *La Bacchante au bouc-marin*. Beau groupe en marbre, de Clésinger. (Signé). — Haut., 1 mètre; larg., 1 m. 8 cent.

43 — *Le Vainqueur au coq*. Très remarquable statue sculptée sur buis, de Falguière. (Signé). — Haut., 1 m. 70 cent. Avec socle, haut., 2 m. 65 cent.

44 — Importante torchère formée par une statue de femme en marbre noir : allégorie de l'Afrique, portant motif à sept branches de lumières pour le gaz. Elevée sur un monument en marbre rouge griotte formant jardinière ornée de sculptures à trois récipients entrecoupés d'animaux fantastiques debout, monture en bronze doré. — Haut., 3 m. 30 cent.

45 — Beau mobilier de salon en tapisserie rappelant la première période de Louis XIV, représentant des corbeilles et des bouquets de fleurs avec des oiseaux encadrés de rinceaux

et d'ornements, contre-fond rouge, bois sculpté forme à dossiers carrés se composant d'un grand canapé et de six fauteuils.

46 — Belle crédence, XVIe siècle, s'ouvrant à deux portes en noyer sculpté, offrant en bas-relief des mascarons et ornements feuillagés. Le bas, d'aspect architectural, est à arcades; les côtés sont décorés de masques fabuleux et d'ornements.

47 — Très belle commode de forme ventrue ouvrant à deux tiroirs en ancienne laque de Coromandel fond d'or offrant sur la façade en relief et en polychrome des volatiles dans des buissons de fleurs, sur les côtés cintrés des petits oiseaux perchés sur des branchages et des fleurs ou un ibis au milieu de fleurs. Elle est garnie de poignées, de chutes, montants et sabots à rocailles en bronze. Dessus en marbre brèche d'Alep suivant les contours de la commode.

48 — Belle chaise à porteurs de l'époque Louis XVI, offrant comme décor des groupes de nymphes, déesses et amours symbolisant la Force, le Droit, la Justice et la Paix triom-

phant dans les nuages, fond vert pâle en cadrements à festons de rubans et de fleurs. La cage en bois sculpté et doré dessin très fin à rais de cœur, rubans enlacés et perlés. Intérieur en damas de soie jaune avec rideaux de même couleur.

49 — Deux vases avec couvercles en vieux Chine, famille rose, décor à fleurs.

50 — Deux belles statuettes en bronze : l'Enfant au nid, l'Enfant à l'oiseau, de Pigalle.

51 — Beau groupe en bronze : *le Retour de la Chasse*, sur socle en bronze doré. Style Louis XVI.

52 — Buste en marbre, femme de style Louis XVI.

53 — Quatre fauteuils en ancienne tapisserie à petits personnages, scènes champêtres aux dossiers, à bouquets et festons de rubans, encadrés de fleurs sur les sièges, bois sculpté rehaussé de blanc et relevé d'or par partie. Forme Louis XV.

54 — Beau mobilier de salon composé d'un canapé et six fauteuils en tapisserie du temps de Louis XVI représentant aux dossiers des scènes champêtres : la Danse, le Repos, les Jardiniers, les Jardinières en costumes de l'époque, dans des paysages avec moutons et chiens, sur les sièges des allégories aux fables de La Fontaine, fond à draperies roses frangées d'or enguirlandées de fleurs, contre-fond vert pâle. Bois sculptés et dorés, dessin rais de cœur, perles et rubans.

55 — Joli bureau bonheur-du-jour en bois rose, garni de bronzes dorés, orné de plaques en porcelaine de Sèvres ou de Tournai. Louis XVI.

56 — Tasse et soucoupe en ancienne porcelaine de Sèvres, décor vieil or à médaillons fond blanc à couronne de fleurs, bandes en bleu et or. Dans un écrin.

57 — Tasse et soucoupe en ancienne porcelaine de Sèvres, fond blanc à bouquets de fleurs.

58 — Groupe en porcelaine de Saxe représentant

une famille chinoise. Composition de cinq personnages et un singe.

59 — Écuelle en faïence de Moustiers, fond blanc, décor à fleurs en jaune et vert.

60 — Bas-relief en terre cuite, d'après Clodion : Nymphe et amours.

61 — Nécessaire de dame en émail de Bétersée, fond bleu à buste de femme et fleurs.

62 — Bonbonnière en porcelaine de Saxe, fond vert orné d'un sujet d'après Watteau.

63 — Bonbonnière en porcelaine de Saxe, fond blanc orné de sujet en camaïeu.

64 — Petit flacon forme chien en porcelaine de Saxe.

65 — Canapé en bois sculpté et doré Louis XV, couvert en soie fond vert à fleurs brochées.

66-67 — Meuble de salon de style Louis XIII, en noyer finement sculpté rehaussé d'or, composé de deux canapés et dix fauteuils, couvert en vieux brocart (deux des fauteuils sont couverts l'un en vieux velours de Gênes, l'autre en vieux velours de soie et applications) ; ce meuble sera divisé en deux lots : 1° un canapé et huit fauteuils ; 2° un canapé et deux fauteuils.

68 — Meuble de salon Louis XV, bois anciens et dorés, couvert en lampas fond grenat, composé de un canapé et quatre fauteuils.

69 — Magnifique album en velours grenat avec écoinçons à dragon et fleurons en bronze ciselé et doré, fermoir également en bronze ; il est en outre orné du chiffre de Napoléon III pour lequel il avait été fait.

70 — Table en noyer à deux tiroirs. Style Henri II.

71 — Deux meubles en bois sculpté à compartiments dans le genre chinois sur socles en bois de fer sculpté.

72 — Meuble à trois corps en bois à divers compartiments posant sur socle en bois de fer sculpté dans le goût chinois.

73 — Bibliothèque tournante en palissandre ciré de Terquem.

74 — Statuette : Chouette en faïence de Gallé, de de Nancy.

75 — Petit flambeau de poche en argent.

76 — Armure persane composée du casque, rondache et du brassard.

77 — Cafetière persane et son plateau en cuivre.

78 — Autre cafetière persane.

79 — Fusil arabe avec incrustations de nacre.

80 — Brûle-parfums en bronze du Japon, forme éléphant, sur socle en bois sculpté.

81 — Deux vases en émail cloisonné, décor polychrome sur fond bleu turquoise.

82 — Petite armure complète en fer.

83 — Deux consoles d'applique en noyer sculpté.

84 — Jardinière en terre cuite et fer forgé : le Puits de l'hôtel Cluny.

85 — Table en bois de fer garnie de bronze doré et de panneaux burgautés.

86 — Porte-cartons en bois de fer sculpté.

87 — Petit plateau tonkinois.

88 — Quatre coffrets en bois ornés de ferrure.

89 — Deux socles en bois de fer, dessus en marbre.

90 à 96 — Diverses pièces de porcelaines, faïences, grès, flambés par Pull, Jacob, Chaplet, Delaherche, Keller, Damonze, etc.

97 — Groupe : la Nourrice, d'après Bernard Palissy, par Pull.

98 — Soufflet en bois sculpté.

99 — Petit guéridon octogone arabe avec incrustations de nacre et d'ivoire.

100 — Deux porte-corans : l'un en mosaïque de Perse, l'autre en incrustations de nacre.

101 — Lampe formée d'une statuette de démon japonais, en bois sculpté et laqué.

102 — Quatre porte-bouquets en bronze argenté représentant des bottes de poireaux.

103 — Vase arabe en cuivre orné d'incrustations.

104 — Jolie lampe de mosquée en verre, émaillée.

105 — Deux vases en verre craquelé, décor en relief à bambous et feuillages, de Léveillé.

**

106 — Trois vases imitant la pierre dure, de Léveillé.

107 — Deux vases en verre émaillé.

108 — Cruche en grès brun, de Raeren.

109 — Deux gaines en cuir gaufré. XVIIe siècle.

110 — Deux fourchettes et deux couteaux avec manches en ivoire sculpté. XVIIe siècle.

111 — Meuble à étagères, à six compartiments, en bois de fer de Chine, et à deux portes pleines dans le bas.

112 — Étagère d'applique en incrustation nacre et os, décor laqué or, à tiroirs. Travail japonais.

113 — Toilette en laque du Japon, fond noir et or à deux tiroirs.

114 — Groupe en bronze du Japon : les Lutteurs.

115 — Paire de vases en laque du Japon fond noir, décor or avec incrustations nacre.

116 — Paire de vases en bronze du Japon, incrustations dorées et argentées.

117 — Paire de petits vases en bronze du Japon patine claire, incrustations en argent et décor cloisonné par parties.

118 — Brûle-parfums en bronze du Japon, incrustations or et fleurs en relief, couvercle formé par un éléphant portant un Chinois.

119 — Jardinière en émail cloisonné de Chine, fond noir, décor papillons et fleurs en polychrome.

120 — Paire de grands vases en porcelaine de Chine, décor à personnages en polychome.

121 — Paire de vases forme bouteilles en porcelaine de Chine, fond rouge haricot.

122 — Paire de potiches en porcelaine du Japon, fond blanc, décor émaux en relief.

123 — Paire de vases en émail cloisonné du Japon, fond bleu à fleurs.

124 — Paire de supports hauts en bois de fer de Chine ; dessus en marbre.

125 — Petite table en bambou, plateau en laque à médaillons, oiseaux argentés.

126 — Petite table carrée en bambou, ornée de deux plateaux en laque fond noir, avec fleurs et oiseaux vieil or.

127 — Ameublement de salle à manger en noyer ciré : buffet avec niches sur les côtés et une porte pleine dans le haut, ouvrant à trois portes pleines dans le bas, une table à trois allonges et six chaises couvertes en cuir gaufré. Style Henri II.

128 — Ameublement de chambre à coucher en noyer ciré, style Henri II, composé d'un lit de milieu, une table de nuit et une armoire à glace biseautée.

129 — Belle vitrine en bois de rose, ornée de bronzes. Style Louis XVI.

130 — Ameublement de salon en noyer ciré rehaussé d'or, style Louis XVI, couvert en

lampas fond rouge à personnages, composé d'un canapé, deux fauteuils et quatre chaises.

131 — Vitrine en acajou orné de filets de cuivre. Style Louis XVI.

132 — Réchaud en plaqué avec ornements en argent. (Provient de l'ancien service de Louis-Philippe.)

133 — Cinq galeries de fenêtres en bois sculpté et doré. Style Empire.

134 — Deux autres. Style Louis XIV.

135 — Grande glace ovale. Cadre doré avec figurines d'amours en relief.

136 — Deux glaces-médaillons. Cadres dorés.

137 — Deux divans couverts en étoffe de fantaisie fond crème, ornés de franges.

138 — Vitrine à trois portes en chêne sculpté, à trois tiroirs. Style Renaissance.

139 — Belle commode, de style Louis XVI, en

***

laque noire, ornée de bronzes dorés et finement ciselés. Dessus en marbre noir.

140 — Paire de flambeaux argentés.

141 — Encrier, style Louis XV, en bronze doré et ciselé.

142 — Paire de vases, en marbre rouge, ornés de bronze doré, d'après Berain.

143 — Deux appliques de style Louis XV, en bronze doré et ciselé, modèle de Caffieri.

144 — Deux jolies appliques, de style Louis XVI, en bronze ciselé et doré, à deux lumières, avec guirlandes de roses, et terminées par des têtes de béliers.

145 — Pendule Louis XV, en vernis Martin et bronze, avec socle.

146 — Belle statue en marbre blanc, de Marcellin : Ariane abandonnée.

147 — Beau bronze ancien du Japon, représentant un guerrier.

148 — Joli service de l'époque du premier Empire, en porcelaine fond gros bleu avec rehauts et cartouches d'or, composé d'une cafetière, un pot à lait, un sucrier et douze tasses avec soucoupes.

149 — Jolie statuette en ancienne porcelaine de Saxe : Enfant jouant avec un cheval.

150 — Écuelle en ancienne porcelaine de Saxe, avec cartouches représentant des scènes diverses et des personnages.

151 — Quatre salières en porcelaine de Saxe, formées par des figures couchées tenant des paniers.

152 — Mandoline en argent style Louis XV, servant de bonbonnière.

153 — Divan en argent et s'ouvrant pour former encrier.

154 — Bronze : Chat accroupi, de Barye, patine verte.

155 — Coupe en bronze noir et or avec cou-

vercle surmonté d'un oiseau. Travail de Barbedienne.

156 — Boîte en émail rehaussé d'or, forme ovoïde.

157 — Boîte oblongue en émail de Saxe.

158 — Coffret carré en porcelaine d'Allemagne, avec sujets, d'après Vernet, à l'extérieur et à l'intérieur.

159 — Coquille en bronze avec enfant endormi sur le couvercle. Signé de Cumberworth.

160 — Petite statuette en bronze : Baigneuse, sur socle en marbre vert et bronze.

161 — Deux fauteuils en chêne couverts en étoffe de fantaisie fond bleu à fleurs.

162 — Piano droit en acajou, d'Ignace Pleyel.

163 — Petit carquois japonais avec arc et flèches.

164 — Petit panneau : aquarelle sur pitchpin, cadre en bambou.

165 — Petite chimère en buis sculpté.

166 — Deux grandes et belles lampes à pétrole formées de deux tubes arabes argentés avec réserves dorées.

167 — Statuette en bronze patine antique, représentant la Victoire du musée de Naples.

168 — Colonne en bois sculpté formée de la réunion de quatre colonnettes torses.

169 — Deux médaillons en biscuit avec cadre en bronze : Portraits de princesses de la maison de France.

170 — Deux supports d'appliques en bois sculpté (grotesques).

171 — Bureau en bois de rose orné de plaques en porcelaine représentant des fleurs. Époque Louis XVI.

172 — Fauteuil en noyer sculpté couvert en soie.

173 — Marquise en noyer sculpté couverte en soie Louis XVI.

174 — Fauteuil en bois sculpté. Travail italien.

175 — Canapé couvert en soierie.

176 — Fauteuil à haut dossier couvert en velours d'Orient.

177 — Vitrine ancienne en bois de rose garni de bronzes.

178 — Lampe à colonne avec abat-jour.

179 — Tabouret de piano.

180 — Fauteuil forme coquille en bois sculpté. Travail italien.

181 — Fauteuil de coin couvert en tapis.

182 — Deux meubles en marqueterie. Style de Boule.

183 — Table de milieu en marqueterie. Style de Boule.

184 — Ameublement de salon en étoffe rayée soie, style oriental, composé d'un canapé et quatre fauteuils.

185 — Chauffeuse orientale en étoffe de Brousse.

186 — Deux tabourets incrustés de nacre.

187 — Garniture de cheminée en bronze, époque Empire, formée d'une pendule et deux candélabres.

188 — Groupe en bronze, sur socle en marbre noir garni de cuivres.

189 — Deux grands vases du Japon, sur socles en bois.

190 — Grand vase en faïence fond bleu sur socle.

191 — Tabouret forme tonneau en faïence décorée.

192 — Paire de candélabres en bronze patine verte formés de figures de nymphes portant des bouquets en bronze doré à six lumières. Style Louis XVI.

193 — Grande pendule forme portique en bronze doré, ornée de plaques et d'un vase en porcelaine de Tournai, fond gros bleu. Style Louis XVI.

194 — Paire de vases en porcelaine de Tournai, fond gros bleu, décorés de sujets allégoriques d'après Boucher.

195 — Paire de vases en marbre fleur de pêcher ; monture en bronze doré. Style Louis XV.

196 — Pendule en bronze et marbre Louis XVI.

197 — Paire de chenets en bronze. Style Louis XV.

198 — Groupe en bronze : *la Danse*, de Mathurin Moreau, sur socle en peluche.

199 — Encrier en bronze et marbre. Style Louis XVI.

200 — Pendule en bronze doré Empire.

201 — Deux jardinières en porcelaine de Tournai; monture bronze doré.

202 — Bibliothèque-vitrine en acajou garni de cuivre. Style Louis XVI.

203 — Bureau plat en acajou garni de cuivre. Style Louis XVI.

204 — Bureau décor vernis Martin, petits amours.

205 — Écran en vernis Martin, décor style Louis XV.

206 — Chiffonnier-secrétaire en marqueterie de bois forme bombée sur les côtés, garni de bronzes.

207 — Pendule religieuse en marqueterie. Style de Boule, ornée de bronzes.

ÉTAINS DE J. BRATEAU

208 — Très belle aiguière et son plateau en étain. L'aiguière de forme persane est décorée en relief d'un médaillon à feuillages et de fruits sur fond pointillé, encadré de perlés. Le plateau est orné sur les bords d'une frise ajourée à arabesques et feuillages de rosaces et à guirlandes. Pièces remarquables comme exécution.

209 — Légumier et son plateau en étain. Le légumier est à deux anses formées de têtes d'homme et de femme dans des encadrements à jour Louis XV ; le couvercle représente en relief des allégories aux cinq fleuves de France et est surmonté d'un groupe formé

d'un triton et d'une femme. Le plateau offre au centre Neptune sur son char de triomphe, et aux bords des scènes allégoriques.

210 — Plateau en étain offrant au centre les chiffres du roi Louis XV sur fond fleurdelisé et aux bords des allégories aux dieux de la mer.

211 — Plateau rectangulaire en étain offrant au centre un cartouche représentant la danse des nymphes, encadrement à guirlandes de fleurs, à nœuds de rubans entrelacés et arabesques sur fond quadrillé et doré.

212 — Vidrecome en étain, représentant dans des médaillons les Trois Parques, décors à arabesques, feuillages, perlés et autres ornements.

213 — Deux petits plateaux en étain, bords offrant dans des cartouches des allégories aux saisons et aux éléments, encadrés d'ornements à vases de fleurs, de fruits, d'animaux et autres.

BIJOUX

214 — Belle bague en or, enrichie d'un rubis d'Orient, d'un brillant, et de brillants sur le corps.

215 — Belle bague en or, enrichie d'une perle fine et deux brillants anciens.

216 — Bague formée d'une turquoise entourée de quatorze brillants et ornée de deux brillants sur le corps.

217 — Bague ornée de cinq rubis et d'entredeux en roses.

218 — Bracelet chaîne gourmette en or, composé de trois perles noires, sept brillants, un saphir étoilé, une émeraude cabochon et un saphir cabochon.

219 — Bracelet en or, enrichi d'un gros saphir et deux brillants.

220 — Petite broche forme trèfle, ornée de brillants et trois perles fines.

221 — Broche barrette, composée de cinq émeraudes et douze brillants.

222 — Paire de boutons d'oreilles, formés de deux grosses perles fines entourées chacune de quatorze brillants.

223 — Épingle de cravate, formée d'une perle ronde.

224 — Épingle de cravate forme couronne, en brillants.

225 — Broche forme cœur, composée d'un grenat cabochon incrusté d'une émeraude et enrichie de roses.

226 — Épingle à chapeau, formée d'une émeraude cabochon et calotte en roses.

227 — Épingle à chapeau forme fleur de lys en or.

228 — Médaillon ovale en or, renfermant une jolie miniature entourée de perles fines.

229 — Étui en or Louis XVI.

230 — Bonbonnière Louis XVI, ornée d'une miniature cadre or.

231 — Six couteaux, manches en nacre, lames argent.

232 — Bague brillant entouré de brillants.

233 — Bague serpent, en or avec brillant.

234 — Bracelet maillons en or.

235 — Chaîne de montre d'homme en or avec clef.

236 — Chaîne de dame en or.

DENTELLES, ÉTOFFES, FOURRURES

237 — Coupe de Valenciennes, 2 m. 80 cent.

238 — Coupe de point d'Alençon, 9 m. 75 cent.

239 — Coupe de point d'Alençon, 2 m. 95 cent.

240 — Coupe de Bruges, 9 mètres.

241 — Coupe de dentelle blanche, 3 m. 60 cent.

242 — Fichu en point d'Angleterre.

243 — Ombrelle en application.

244 — Volant en application.

245 — Éventail de Bruges et point à l'aiguille.

246 — Beau couvre-lit ou portière en satin maïs richement brodé d'or, d'argent et de soie, représentant des envolées d'oiseaux, des vola-

tiles, des fleurs et des feuillage, garni de franges de soie assortie, doublé de soie bleu pâle.

247 — Six pièces pour costume ou décor en velours violet, richement brodées or ou argent doré. Travail d'Orient.

248 — Huit panneaux pour écrans ou dessus de sièges en satin de Chine, brodés à fleurs et oiseaux, sur fonds de différents tons.

249 — Pardessus tout doublé de loutre.

250 — Diverses garnitures et tours de cou en zibeline, martre et loutre.

251 — Couvre-lit en étoffe rose avec bande brodée ancienne sur fond blanc.

252 — Tapis de salon fond rouge.

253 — Tapis de Perse fond polychrome.

254 — Tapis de Smyrne haute laine fond rouge.

255 — Tapis ancien à médaillons.

256 — Tapis ancien de prière.

257 — Quatre panneaux japonais.

258 — Objets divers.

TABLEAUX

BRONZINO (Attribué au)

259 — *Portrait de jeune patricienne.*

Tête charmante, aux cheveux blonds, regardant de face, avec collier d'or et de perles, corsage noir décolleté bordé d'une légère guimpe de dentelle blanche, manches blanches. Une armoirie en haut, à gauche.

Œuvre digne d'attention.

Cadre en bois sculpté et doré.

CANO (Attribué à ALONZO)

260 — *Apôtre en extase.*

Sur cuivre.

Cadre en bois sculpté et doré.

CARRIER BELLEUSE (LOUIS)

261 — *Le Pot de terre contre le Pot de fer.*

DOMINICAIN (École du)

262 — *Scène de la Pêche miraculeuse.*

Intéressant par sa facture et la perspective.

GOYA ou LUCAS (Attribué à)

263 — *Portrait d'un toréador.*

GREUZE (D'après)

264 — *L'Enfant au chien.*

HOLBEIN (Attribué à)

265 — *Portrait d'homme.*

JOINVILLE

266 — *Paysage d'Algérie.*

LALYRE

267 — *Nymphe menacée par le Cerbère.*

Joli tableau.

268 — *Les Sirènes surprises par les dauphins.*

Belle composition, enlevée de touche.

MARTINUS KUYTENBROUWER

269 — *La Bergerie.*

MURILLO (École de)

270 — *La Vierge et l'Enfant.*

271 — *Ecce homo.*

NATTIER (École de)

272 — *Portrait de femme.*

Cadre en bois sculpté.

PACHECO

273 — *Portrait d'un gentilhomme en armure, tenant un bâton de commandement.*

Cadre en bois sculpté et doré.

274 — *Portrait d'un jeune gentilhomme en costume Louis XV.*

Cadre en bois sculpté et doré.

PALIZZI

275 — *Intérieur d'étable, avec figures et animaux.*

Aquarelle.

PALOMINO

276 — *La Remise des clefs de Cordoue au roi San Fernando.*

277 — *Allégorie à la Vie de saint Raphael.*

Deux compositions en grisaille.
Projets des panneaux du même artiste décorant la cathédrale de Cordoba, à Cordoue.

PEZANT (Aym.)

278 — *Le Moulin des prés.*

279 — *Troupeau de vaches à l'abreuvoir.*

TIRADO

280 — *Tête d'Arabe.*

Cadre en bois sculpté.

SANTORO

281 — *Paysage.*

STELLA

282 — *Berger et Bergère.*

VAN LOO

283 — *Le Repos de Diane.*

Dans un riant paysage, la déesse et les nymphes sont réunies.

Beau et agréable tableau.

VAN THULDEN

284 — *Les Chérubins dansant une ronde devant la Vierge et l'Enfant.*

Fond de paysage.
Joli tableau sur cuivre.
Cadre en bois sculpté et doré.

SAFTLEVEN

285 — *Paysage ; ville au bord d'un lac.*

ÉCOLE DU XVIIIe SIÈCLE

286 — *Portrait d'un gentilhomme en riche costume, avec manteau rouge.*

Peinture sur cuivre.

ÉCOLE DU XVIIe SIÈCLE

287 — *Portrait d'homme coiffé d'une toque rouge ; costume noir garni de fourrure.*

ÉCOLE ALLEMANDE (XVIe siècle)

288 — *La Vierge allaitant l'Enfant.*

ÉCOLE ESPAGNOLE MODERNE

289 — *Les Toréadors.*

ÉCOLE ESPAGNOLE

290 — *Portraits d'infant et d'infante.*

Deux pendants.

ÉCOLE ESPAGNOLE ANCIENNE

291 — *Scène de festin.*

Cadre en bois sculpté et doré.

292 — *La Cène.*

Cadre en bois sculpté et doré.

293-294 — *Portraits d'homme et de femme en prière.*

Cadres en bois sculpté et doré.

ÉCOLE ESPAGNOLE

295 — *Portrait du duc de Médina Sidonia, comte de Niebla.*

Représenté à cheval, grandeur nature. Au fond se dessine une bataille.

Composition d'une multitude de guerriers avec les armures de l'époque. En haut, un écusson. Porte la date 1610.

ÉCOLE FLAMANDE

296 — *Les Lessiveuses.*

ÉCOLE FRANÇAISE

297 — *Mascarade.*

Composition de plusieurs figures.
Cadre en bois sculpté et doré.

ÉCOLE FRANÇAISE

298 — *Portrait d'une des filles de Louis XV, en costume de cour.*

Pastel.
Cadre ancien en bois sculpté.

ÉCOLE HOLLANDAISE

299 — *Fumeur et Buveur.*

Cadre en bois sculpté et doré.

ÉCOLE VÉNITIENNE

300 — *La Vierge allaitant l'Enfant qui lui présente une rose.*

Cadre en bois noir, écaille et ivoire.

301 — Tableaux omis.

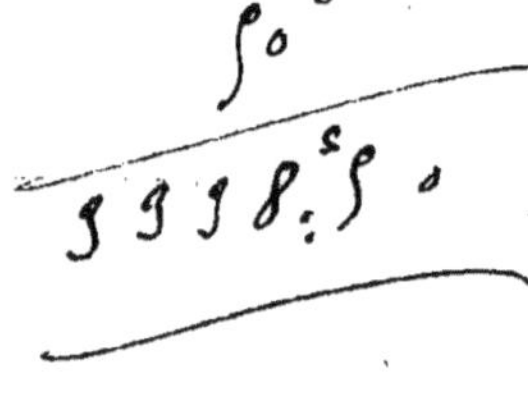

www.ingramcontent.com/pod-product-compliance
Lightning Source LLC
LaVergne TN
LVHW020246230826
846091LV00006B/2273

* 9 7 8 2 3 2 9 5 0 0 7 7 5 *